LE THÉATRE CHEZ SOI

CONTES

ET

LÉGENDES EN ACTION

L'HÉRITAGE DE JOCRISSE

CHARADE EN TROIS PARTIES

PAR

JULES ADENIS

PARIS

A. HENNUYER, IMPRIMEUR-ÉDITEUR

47, RUE LAFFITTE, 47

1888

LE THÉATRE CHEZ SOI

CONTES

ET

LÉGENDES EN ACTION

L'HÉRITAGE DE JOCRISSE

CHARADE EN TROIS PARTIES

PAR

JULES ADENIS

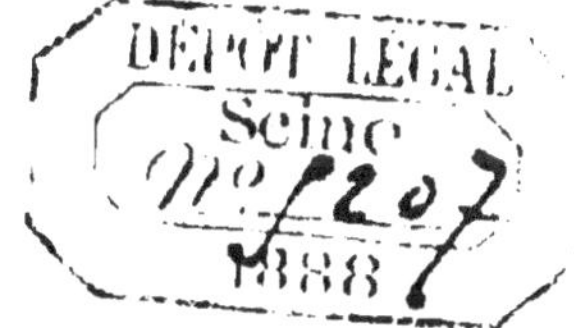

PARIS

A. HENNUYER, IMPRIMEUR-ÉDITEUR

47, RUE LAFFITTE, 47

1888

L'HÉRITAGE DE JOCRISSE

CHARADE EN TROIS PARTIES

PREMIÈRE PARTIE

LE PRINCE RIQUET

PERSONNAGES

LE BARON DE LA HAUTE-FUTAIE.
LA BARONNE, sa femme.
AMANDINE, leur fille.
LE PRINCE RIQUET.
NICETTE, femme de chambre de la baronne.

La scène se passe au moyen âge.

Une grande salle dans le château de la Haute-Futaie. Porte principale au fond, portes latérales. Ameublement de l'époque.

SCÈNE PREMIÈRE.

LE BARON, LA BARONNE.

(Ils entrent par la droite, en continuant une discussion commencée.)

LA BARONNE.

Et moi, je vous dis que si !

LE BARON.

Et moi, je vous dis que non !

LA BARONNE.

C'est votre faute.

LE BARON, se récriant.

Ma faute !

LA BARONNE, vivement.

Oui, oui, oui. C'est une honte qu'à dix-huit ans

votre fille soit aussi niaise, aussi bornée qu'une enfant de cinq ans.

LE BARON.

Cependant, si la nature lui a refusé de l'esprit, que voulez-vous que j'y fasse? Est-ce que je puis lui en donner, moi?

LA BARONNE, ironiquement.

Oh! non! on ne peut donner ce qu'on n'a pas.

LE BARON, saluant.

Merci bien. En tout cas, et c'est une compensation, Amandine est la plus belle fille de tout le pays.

LA BARONNE.

Oui. Mais aussi bête que belle. Et gauche, et maladroite, et ignorante... ça fait pitié! Hélas! nous ne trouverons jamais à la marier. Et si, par hasard, il se présentait un parti pour elle, quand son futur l'entendra parler, quand il verra sa gaucherie, sa nullité, il ne pourra jamais se décider à la demander pour femme.

LE BARON.

Eh bien! c'est ce que nous allons savoir avant peu, car précisément il se présente un parti pour Amandine.

LA BARONNE, étonnée.

Parlez-vous sérieusement?

LE BARON.

Très sérieusement. Notre vieux parent, le comte de la Sarriette, vient de me faire tenir une lettre par laquelle il m'annonce qu'un de nos voisins, le prince Riquet, ayant rencontré notre fille, et ayant été charmé par sa beauté, doit venir nous rendre visite et solliciter l'honneur de lui être présenté.

LA BARONNE.

Eh bien ! vous verrez. Le prince peut venir nous rendre visite, il peut solliciter l'honneur d'être présenté à mademoiselle votre fille, mais, quand il aura eu l'*honneur* de causer cinq minutes avec elle, il sera fixé. Il s'éloignera poliment, sous le premier prétexte venu, et on ne le reverra jamais.

LE BARON.

Nous ne tarderons pas à en faire l'épreuve.

(On entend, à gauche, un grand bruit de porcelaine cassée.)

LA BARONNE.

Tenez, voilà *votre* fille qui fait encore quelque maladresse !

SCÈNE II.

LE BARON, LA BARONNE, AMANDINE.

AMANDINE entre par la gauche en jouant au volant
et en disant niaisement.

Eh bien ! tant pis ! là ! ça m'amuse, moi.

LA BARONNE, sévèrement.

Mademoiselle !

AMANDINE, surprise.

Ah ! vous m'avez fait peur ! que c'est bête, ça.

LA BARONNE.

Vous êtes polie ! Allons, approchez, petite sotte !

AMANDINE, jouant toujours.

Oui, maman. (Elle s'approche et joue sous le nez de la baronne, qui se recule.)

LA BARONNE, lui prenant sa raquette.

Voyons, laissez cela. Et approchez, vous dis-je.

AMANDINE.

Voilà, maman.

LA BARONNE.

C'est ça! les pieds en dedans, les épaules voûtées, les bras pendants... Comment vous tenez-vous donc !

AMANDINE.

Dame... je m'tiens sur mes jambes, comme tout le monde.

LA BARONNE, au baron.

Vous l'entendez ?

LE BARON.

Mais vous la tarabustez toujours... vous l'intimidez, aussi.

LA BARONNE, à Amandine.

Quel est ce bruit, que nous venons d'entendre, dans la pièce voisine ?

AMANDINE.

Maman, c'est ma raquette.

LA BARONNE.

Votre raquette ?

AMANDINE.

En courant pour rattraper mon volant j'ai accroché, avec ma raquette, le grand vase qui est dans l'encoignure du petit salon. Il est tombé et s'est cassé en morceaux (riant), en tout petits morceaux.

LA BARONNE, levant les bras au ciel.

Mon beau vase de porphyre ! Allons, il est écrit que vous ne ferez jamais que des sottises !

AMANDINE, pleurant.

Heu, heu, heu ! vous me grondez toujours.

LA BARONNE.

Jouer au volant... à votre âge ? Si ce n'est pas ridicule !

AMANDINE, pleurant.

Alors que faut-il que je fasse ?

LA BARONNE.

Vous livrer à des occupations sérieuses. Vous instruire, d'abord.

AMANDINE, pleurant toujours.

Ah ! bien non ! ça m'ennuie.

LA BARONNE, avec humeur.

Laissez-nous, allez-vous-en ! Je ne puis supporter l'idée d'avoir une fille telle que vous.

LE BARON.

Viens, Amandine, viens dans les bras de ton père... ne pleure pas, ma pauvre enfant.

AMANDINE.

Maman me dit toujours des choses désagréables !

LE BARON, l'embrassant.

N'y pense plus, et va, mon enfant, il faut obéir à ta mère.

(Amandine sort par la gauche en s'essuyant les yeux.)

SCÈNE III.

LE BARON, LA BARONNE, puis NICETTE.

LA BARONNE.

Monsieur le baron, vous êtes un bon homme et je ne vous reprocherai pas l'affection que vous avez pour votre fille ; mais vous devriez bien, une fois pour toutes, ne pas redoubler de tendresses, à son égard, quand je viens de la punir.

LE BARON.

Mais, ma bonne amie...

LA BARONNE, l'interrompant.

Il n'y a pas de « ma bonne amie ». Vous m'enlevez ainsi toute autorité sur elle, et quand il faudrait, au contraire...

LE BARON, voyant entrer Nicette.

Silence, nous ne sommes plus seuls. C'est Nicette, votre femme de chambre, qui a, sans doute, à vous parler.

LA BARONNE.

Que voulez-vous, Nicette ?

NICETTE.

Madame, c'est un drôle de particulier — très bien mis — qui a une petite houppe sur la tête, et qui demande si vous êtes visible.

LA BARONNE.

Moi ?

NICETTE.

Je ne sais pas au juste. Il m'a dit : « Mon enfant,
voulez-vous aller demander à M. le baron et à Mme la
baronne de la Haute-Futaie s'ils peuvent me recevoir.»

LE BARON.

A-t-il donné son nom ?

NICETTE.

Il a dit qu'il s'appelait le prince Riquet, et qu'il ve-
nait de la part du comte de la Sarriette, que monsieur
connaît bien.

LE BARON, à sa femme.

C'est lui, c'est le prétendant dont je vous parlais
tout à l'heure, et que le comte m'a annoncé.

LA BARONNE.

Eh bien? quel est votre avis?

LE BARON.

Je crois que nous ne pouvons nous dispenser de le
recevoir.

LA BARONNE, à Nicette.

Faites entrer le prince Riquet.

(Nicette sort.)

SCÈNE IV.

LE BARON, LA BARONNE, RIQUET.

Il est bossu, bancroche. Il a, sur l'œil gauche, une petite visière de taf-
fetas vert, et des verrues sur le nez. Il est chauve, sauf une petite
houppe de cheveux roux qui s'élève sur le sommet du front. Son costume est riche et élégant.

RIQUET, introduit par Nicette, s'avançant en saluant.

Monsieur le baron, madame la baronne...

LE BARON, étonné.

Oh !

LA BARONNE, reculant avec surprise.

Ah !

RIQUET, riant.

Oh ! ah ! Très bien ! Je sais ce que cela veut dire. C'est l'effet que ma vue produit généralement, mais je commence à m'y habituer. Alors, vous aussi, vous me trouvez prodigieusement laid ?

LE BARON, hésitant.

Prodigieusement... c'est beaucoup dire.

LA BARONNE, embarrassée et cherchant ses mots.

Ce n'est pas... précisément que... mais, au premier abord...

LE BARON, de même.

Quand on ne s'y attend pas...

LA BARONNE, à Riquet.

Vous comprenez ?

RIQUET, gaiement.

Parfaitement. Eh ! mon Dieu ! si l'on voulait y réfléchir un peu, on verrait cependant que je suis un homme tout comme un autre ? D'abord, je suis bien fait, très bien fait..., pour un bossu. Or, tout le monde n'a-t-il pas un fardeau — moral ou physique — à porter ici-bas ? Eh bien, moi, je porte le mien dans le dos. On prétend que je marche de travers..., mais combien y a-t-il de gens qui n'ont jamais pu marcher droit ? Je suis borgne, il est vrai, mais on voit tant de choses désagréables dans la vie, que j'ai l'avantage de n'en voir que la moitié ! Tout compte fait, je ne suis donc pas si disgracié de la nature.

LA BARONNE.

Non certes, mon cher prince, et si vous n'êtes pas un Antinoüs, il y a une chose dont vous pouvez vous flatter, c'est d'être un homme d'esprit. Oh ! moi, d'abord, je raffole des gens d'esprit !

RIQUET.

Oui, je chasse de race ; j'ai de l'esprit comme un bossu. C'est une compensation que je dois à ma marraine : la fée Carabosse. Quand je vins au monde, ma pauvre mère, en voyant le magot que vous avez en ce moment sous les yeux, ne pouvait parvenir à s'en consoler. C'est alors que ma marraine lui assura que j'aurais, non seulement beaucoup d'esprit et de gaieté, mais que j'aurais la faculté de donner de l'esprit à la personne que j'aimerais le mieux et qui consentirait à m'épouser.

LA BARONNE.

Ah ! ah ! Écoutez ceci, baron.

RIQUET.

Je parle de cet esprit qui rend aimable, qui anime les yeux, qui donne la grâce et le charme sans lesquels une femme, fût-elle superbe, ne saurait rien inspirer.

LA BARONNE, soupirant.

A qui le dites-vous !

RIQUET.

Je sais bien qu'il y a de la témérité, de ma part, en venant pour épouser une aussi belle personne que mademoiselle votre fille, mais si ce que l'on prétend est vrai...

LA BARONNE.

Et que prétend-on, je vous prie?

RIQUET.

On assure... ah ! mais... c'est que... c'est très dé-
licat à dire, et je voudrais me faire comprendre à demi-
mot. On assure qu'elle a toutes les qualités qui me
manquent, et qu'elle manque de toutes les qualités
que j'ai. S'il en était ainsi, tout serait pour le mieux,
car, avec le don que m'a fait ma marraine...

LA BARONNE.

Sans doute. Mais il faut, pour cela, qu'Amandine
consente à vous épouser?

LE BARON, hochant la tête.

Et quand elle vous aura vu...

RIQUET, continuant.

Il est clair que, quand elle m'aura vu, elle éprouvera
un certain désenchantement. Je m'y attends bien, mais,
c'est égal, si vous le permettez, je tenterai l'épreuve.

LE BARON, à sa femme.

Qu'en dites-vous, baronne?

LA BARONNE.

Je dis, je dis... que je ne sais plus que dire.

RIQUET.

Je ne vous parlerai pas de ma naissance, qui, vous
le savez, est des plus illustres ; de mes richesses, qui
sont immenses. Ce sont des considérations de second
ordre.

LE BARON.

Permettez? Pour un père et une mère de famille,
ce sont des considérations qui ont bien leur valeur.

RIQUET.

Alors, que décidez-vous ?

LA BARONNE.

Nous allons vous présenter à Mlle de la Haute-Futaie.
(Elle sort par la gauche.)

LE BARON, à Riquet.

Si j'ai un conseil à vous donner, en causant avec
Amandine, prenez-la par la douceur, par les senti-
ments ? Dites-lui de jolies choses.

RIQUET.

De jolies choses..., de jolies choses..., c'est plus
facile à conseiller qu'à trouver.

SCÈNE V.

LES PRÉCÉDENTS, LA BARONNE, amenant AMANDINE.

LA BARONNE.

Venez, mademoiselle, venez. Voici un ami du comte
de la Sarriette, le prince Riquet, qui désire vous être
présenté.

RIQUET, saluant.

Mademoiselle...

AMANDINE, levant les yeux et partant d'un éclat de rire
à la vue de Riquet.

Hi ! hi ! hi ! ah ! quel drôle de bonhomme !

LA BARONNE, avec humeur.

Ma fille ! (Bas.) mais taisez-vous donc !

AMANDINE, riant toujours.

Hi ! hi ! hi ! le drôle de bonhomme !

LA BARONNE.

Ma fille, encore une fois...

RIQUET, à la baronne.

Laissez rire Mlle Amandine, madame. C'est tout naturel, et c'est si bon le rire. (A Amandine.) Riez, mademoiselle, et riez tout à votre aise. J'aime mieux que ma vue produise sur vous un accès de gaieté qu'un sentiment de pitié.

LA BARONNE, à Amandine.

Nous vous laissons avec le prince, qui désire vous faire sa cour. Venez, baron, nous reviendrons dans un moment. (Bas, à Amandine.) Et tàchez de ne pas dire trop de sottises, suivant votre habitude.

AMANDINE, baissant la tête.

Oui, je tàcherai.

(Le baron et la baronne sortent par le fond.)

SCÈNE VI.

AMANDINE, RIQUET.

RIQUET, voyant Amandine rester la tête baissée et d'un air triste.

Eh bien, mademoiselle, vous ne riez plus ? Et voilà que vous paraissez triste, maintenant ? Permettez-moi de vous dire que je ne puis comprendre qu'une personne, aussi belle que vous l'êtes, puisse être triste. La beauté est un si grand avantage, qu'il doit tenir lieu de tout le reste, et quand on le possède, je ne vois pas qu'il y ait rien qui puisse nous affliger beaucoup.

AMANDINE.

Cela vous plaît à dire, monsieur. Mais si, du matin au soir, on vous disait que vous êtes bête..., si, à chaque pas que vous faites, on vous reprochait votre gaucherie, je voudrais bien savoir quelle satisfaction vous donnerait votre beauté ! Tenez, j'aimerais mieux être aussi laide que vous, et avoir de l'esprit, que d'avoir de la beauté comme j'en ai et être bête autant que je le suis.

RIQUET.

Il n'y a rien, madame, qui marque davantage qu'on a de l'esprit que de croire n'en pas avoir. Il est de la nature de ce bien-là que, plus on en a, plus on croit en manquer.

AMANDINE.

Je ne sais pas cela, mais je sais que tout le monde dit que je suis fort bête, et c'est de là que vient mon chagrin.

RIQUET.

Si ce n'est que cela, madame, qui vous afflige, je puis aisément mettre fin à votre douleur, car il ne dépend que de vous que vous soyez aussi spirituelle que jolie.

AMANDINE.

Et c'est vous qui feriez ce miracle-là ?

RIQUET.

Moi-même.

AMANDINE.

Vous êtes donc sorcier ?

RIQUET.

Est-ce que je n'en ai pas un peu l'air ?

2

AMANDINE.

C'est vrai. Mais vous n'avez pas du tout l'air méchant.

RIQUET.

Vous êtes bien honnête. Apprenez donc, madame, que j'ai le pouvoir de donner de l'esprit à la personne qui me plaira le plus. Et comme vous êtes cette personne, et que je suis venu ici pour demander votre main, vous aurez autant d'esprit qu'on en peut avoir si vous me faites, librement et de bon cœur, la promesse de m'épouser.

AMANDINE.

Et quand je vous aurai fait cette promesse, l'esprit me viendra?

RIQUET.

Tellement que vous étonnerez tout le monde. Vous ne vous reconnaîtrez plus vous-même.

AMANDINE.

Mais si j'allais en avoir trop?

RIQUET.

Rassurez-vous, on n'en a jamais trop. Eh bien? vous hésitez? Vous ne pouvez pas vous décider à me faire la promesse que je vous demande?

AMANDINE.

Si vous croyez que c'est facile!

RIQUET.

Je comprends. Eh bien, ne me regardez plus. Tenez, je vais me mettre là, derrière le dossier de ce grand fauteuil. Je vous parlerai, vous me répondrez, et vous ne me verrez pas.

AMANDINE.

C'est cela. Ça me donnera peut-être un peu de courage.

RIQUET, se plaçant derrière le dossier d'un grand fauteuil,
et parlant sans être vu.

A la réserve de ma laideur, y a-t-il quelque chose en moi qui vous déplaise ?

AMANDINE.

Nullement.

RIQUET.

Êtes-vous mal contente de ma naissance, de mon caractère, de mon humeur et de mes manières ?

AMANDINE.

Oh ! non ! J'aime en vous ce que vous venez de dire. Et vous me parlez avec une indulgence, une bonté auxquelles je n'ai pas été accoutumée.

RIQUET.

Si cela est ainsi, pourquoi hésitez-vous davantage à me faire la promesse que j'attends de vous ? Elle pourrait me rendre le plus heureux des hommes !

AMANDINE.

Eh bien, puisqu'il dépend de moi de vous rendre heureux, je promets de vous épouser.

RIQUET, reparaissant sans bosse, sans visière, sans houppe, sans
verrues et en tenue d'élégant cavalier.

Et je vous en remercie mille fois[1] !

---

[1] Pour cette transformation, on a eu le soin d'attacher au dossier du grand fauteuil un sac ouvert. Tout en parlant, sans être vu, Riquet enlève d'abord le paquet de chiffons qui forme sa bosse ; puis sa perruque, puis le caoutchouc qui ceint sa tête, et

AMANDINE, reculant de surprise.

O ciel ! que vois-je ! Est-ce un miracle ?

RIQUET.

Non, madame. Mais, la même fée qui me fit le don
de pouvoir donner de l'esprit à la personne qui, malgré ma difformité, consentirait à m'épouser, vous a
fait, aussi, le don d'embellir celui que vous choisiriez
pour époux.

AMANDINE, souriant.

Je rends mille grâces à cette bonne fée, car, je vous
avoue, monsieur, que je vous préfère ainsi.

RIQUET.

Et moi, donc !

SCÈNE VII.

RIQUET, AMANDINE, LE BARON, LA BARONNE.

AMANDINE, allant, avec aisance, au-devant d'eux.

Venez, ma mère ; vous aussi, monsieur le baron, et,
à mon tour, permettez-moi de vous présenter le prince
Riquet, que je consens à épouser, puisque tel est votre
désir. — Il m'a donné l'esprit qui me manquait et la
reconnaissance m'en fait un devoir.

LE BARON, le regardant.

Quel changement ! Est-il possible ?

tient la visière. Il met au fur et à mesure ces objets dans le sac.
Il efface enfin les taches de son nez et, en se redressant, reparaît
à la réplique indiquée.

LA BARONNE.

Mais ce n'est pas lui. (A Riquet.) Mais ce n'est pas vous ?

RIQUET, riant.

Pardon, c'est toujours moi. Mlle Amandine vous expliquera cette métamorphose qui, pour elle, était des plus faciles. Elle avait de la beauté pour deux.

(Rideau.)

DEUXIÈME PARTIE

LA FLEUR DE GENÊT

PERSONNAGES

LA COMTESSE.
MARGUERITE, sa fille.
HENRI DE MAUFRIGNEUSE, officier de marine,
son neveu.
JOLLIVARD, tailleur breton.
YVONNE, soubrette.

La scène, en Bretagne, aux environs de Quimperlé.

Un salon de château, chez la comtesse ; porte principale au fond, et fenêtres ouvrant sur un parc ; portes latérales ; table, guéridon, fauteuils et chaises ; la mer à l'horizon.

SCÈNE PREMIÈRE.

LA COMTESSE, MARGUERITE, YVONNE.

La comtesse est assise à droite, près du guéridon, et travaille à un ouvrage de tapisserie. Marguerite, debout devant une des fenêtres du fond, regarde au loin avec une longue-vue. Yvonne est debout, au milieu du salon.

YVONNE, à Marguerite.

Vous ne voyez rien, mademoiselle?

MARGUERITE, quittant la fenêtre et fermant la longue-vue.

Rien, absolument rien. La mer est comme un miroir et je n'aperçois aucune voile à l'horizon.

LA COMTESSE.

Ce retard est inexplicable.

MARGUERITE.

Pourvu que la frégate de Henri n'ait pas fait naufrage !

LA COMTESSE.

Y penses-tu ? Une frégate de l'État ne se perd pas ainsi corps et biens. D'ailleurs, les journaux en auraient parlé... Non, il n'y a point d'inquiétude à avoir de ce côté.

MARGUERITE.

Il nous écrit, il y a six semaines, qu'il fait route pour Cherbourg, où il doit débarquer ; qu'il a sollicité et obtenu un congé de trois mois, pour notre mariage, et depuis... pas de nouvelles !

YVONNE, à Marguerite.

Est-ce qu'il y a loin, mademoiselle, de Cherbourg à Quimperlé ?

MARGUERITE.

Sans doute, mais il ne viendra pas par mer, je suppose, et les chemins de fer abrègent singulièrement les distances.

LA COMTESSE.

Il aura été retenu par les exigences du service. Les officiers de marine ne font pas tout à fait ce qu'ils veulent, et la discipline...

MARGUERITE.

Soit. Mais alors pourquoi n'a-t-il pas écrit pour nous apprendre la cause de ce retard, pour nous faire connaître le motif qui le retenait loin de nous ? Il doit bien supposer, cependant, que, depuis sa lettre, nous devons l'attendre chaque jour.

YVONNE.

Et c'est justement demain la fête de mademoiselle : la Sainte-Marguerite.

LA COMTESSE.

C'est vrai, c'est demain ta fête.

MARGUERITE.

Oh! s'il n'est pas survenu quelque accident à mon cousin et si, aujourd'hui, il n'y a ni lettre ni bouquet... je ne lui pardonnerai de ma vie!

LA COMTESSE, riant.

Et pour commencer, à son retour, tu ne l'épouseras plus?

MARGUERITE, vivement.

Je n'ai pas dit cela, mais...

LA COMTESSE.

Va, ma pauvre enfant, quand on a consenti à devenir la femme d'un marin, il faut se préparer, dès le principe, à la patience, au courage, à la résignation.

YVONNE.

Mais, j'y pense... ou plutôt c'est la fête de mademoiselle qui m'y fait penser : M. Henri veut peut-être vous surprendre et vous épouser à la façon bretonne. Il va peut-être se faire précéder — suivant nos vieilles coutumes — par le baz-valans.

MARGUERITE, étonnée.

Le baz-valans?

YVONNE.

Eh oui! avec son genêt, la fleur de la lande.

LA COMTESSE.

Que signifie cela? Explique-toi.

YVONNE.

Ah! c'est juste, j'oubliais... Vous n'êtes pas d'ici, vous, mesdames, et vous ne connaissez pas nos usages. Mais M. Henri, qui est un enfant de Quimperlé, les connaît bien, lui. Donc, ici, quand un jeune homme a jeté les yeux sur une jeune fille, et qu'il veut demander sa main, il s'en va d'abord trouver le tailleur de l'endroit ou quelque bon vieux mendiant, et il le charge de porter à la famille de celle qu'il veut épouser une branche de genêt en fleur. C'est ce porteur de genêt qu'on appelle baz-valans.

LA COMTESSE, riant.

Voilà une déclaration qui n'est pas comme une autre!

YVONNE, continuant.

Pour lors, si le parti convient à la famille, elle invite le baz-valans à boire un pichet de cidre, et on trinque avec lui. C'est un mariage quasiment conclu.

LA COMTESSE.

Et si le parti ne convient pas?

YVONNE.

La famille reçoit le baz-valans très froidement et ne l'invite pas à se rafraîchir. Quelquefois même, et pour mieux marquer son refus, la jeune fille va chercher un plat de noix qu'elle pose sur la table. On sait ce que ça veut dire, et le baz-valans n'a plus qu'à se retirer.

MARGUERITE.

Et les gens du pays attachent une grande importance à cet usage?

YVONNE.

Je crois bien. Un mariage ne serait pas heureux si les accordailles se faisaient autrement. Les nouveaux mariés ne pourraient pas sortir le jour sans rencontrer des pies... une bête maudite, un oiseau de malheur! Et le soir, ils s'exposeraient à tomber dans la bande des lavandières de nuit.

LA COMTESSE, se levant.

Quelles superstitions! Le plus clair de tout cela, c'est qu'il faut boire du cidre que je n'aime pas, et qu'il faut trinquer... ce qui ne me plaît pas davantage. Enfin, si Henri veut se marier à la façon bretonne, nous le verrons bien. Marguerite, si tu m'en crois, nous irons, en nous promenant, jusqu'à la poste. J'ai envoyé ce matin Gertrude, mais la pauvre bonne femme est si sourde, que je préfère ne m'en rapporter qu'à moi.

MARGUERITE.

A vos ordres, ma mère.

LA COMTESSE.

Viens, nous serons de retour avant le déjeuner.

(Elles sortent par le fond.)

SCÈNE II.

YVONNE seule, puis HENRI en costume d'officier de marine,
casquette galonnée.

YVONNE, qui les a suivies des yeux.

Les voilà parties. Et, sans qu'elle veuille le laisser paraître, Mme la comtesse est aussi inquiète que Mlle Marguerite. Je comprends cela : rester plus d'un mois sans nouvelles d'une personne que l'on attend d'un moment à l'autre! On fait toutes sortes de suppositions, on se forge des idées... quand il suffirait souvent d'un mot pour que tout s'explique simplement, naturellement. Quant à moi, je suis sûre que M. Henri ne peut tarder, et demain, aujourd'hui peut-être, il va arriver et me dire : « Bonjour, Yvonnette, c'est moi. Tout le monde est-il en santé, ici? »

HENRI, entrant par le fond.

Bonjour, Yvonnette, c'est moi. Tout le monde est-il en santé, ici?

YVONNE, avec un cri.

Ah!

HENRI.

Eh bien! que te prend-il? Tu as l'air tout effrayée. On ne m'attendait donc pas?

YVONNE.

Oh! si, oh! si. Mais justement, c'est que... voilà six semaines qu'on vous attend!

HENRI.

Oui, je comprends... et c'est aussi ce que je craignais un peu, en arrivant. Ainsi ma tante et ma cousine sont inquiètes?

YVONNE.

Très inquiètes, mademoiselle surtout... Quant à Mme la comtesse, elle ne veut pas en avoir l'air.

HENRI.

Alors j'ai eu raison de me cacher en arrivant, pour me faire reconnaître par toi, d'abord. Ma première idée avait été d'écrire; mais comme je serais peut-être arrivé avant ma lettre...

YVONNE.

Mais il y a quinze jours que vous auriez dû écrire.

HENRI, riant.

Oui, c'est facile à dire. Seulement il n'y a pas encore de bureaux de poste en pleine mer.

YVONNE.

Mais enfin que vous est-il arrivé?

HENRI.

Un sauvetage, mon enfant, une belle action qui nous fait honneur, mais qui — malgré mon impatience — a retardé mon arrivée jusqu'à présent. Nous étions à cent lieues, à peine, de Cherbourg quand notre frégate a rencontré en mer un trois-mâts anglais désemparé. A la suite d'une tempête, une voie d'eau s'était déclarée dans sa cale — impossible de l'aveugler — et il coulait, il coulait avec une persistance inquiétante. Nous avons sauvé l'équipage d'abord, puis tout ce que nous avons pu de sa cargaison, et enfin nous avons remis le cap sur Cherbourg. Mais là, nouveau désappointement! Voilà qu'au lieu d'entrer en rade, notre commandant fait jeter l'ancre en vue de Fort-Royal, et de là envoie demander au ministre de la marine des instructions au sujet des naufragés recueillis à son bord. Défense d'aller à terre et de communiquer avec elle. Je me rongeais les poings, tu dois le comprendre : savoir qu'on est attendu, compter les jours, les heures, les minutes... voir le port à cinq cents mètres, et être obligé de rester là, en panne, à attendre. Enfin, l'ordre arrive d'appareiller et d'aller déposer l'équipage anglais et son restant de cargaison à l'île de Wight. En route pour l'île de Wight! Et voilà comme, à l'encontre du pr overbe, notre belle action n'a pas été pour moi une récompense.

YVONNE.

Je vois bien qu'il n'y a pas de votre faute et j'en étais sûre. Mais, c'est égal, j'en suis bien contente, car Mlle Marguerite est joliment fâchée contre vous !

HENRI.

Ah ! ma cousine est fâchée...

YVONNE.

Dame... écoutez donc .. d'autant plus que c'est aujourd'hui sa fête.

HENRI.

Eh ! je le sais bien ! Mais si tu crois que j'ai eu le temps... j'étais si impatient d'arriver !

YVONNE.

Pour rassurer votre tante et votre cousine, j'avais eu une idée, moi.

HENRI.

Ah ! voyons ton idée.

YVONNE.

Comme vous êtes un enfant du pays, je leur avais
dit que vous aviez, peut-être, l'intention de les surprendre en vous faisant précéder du baz-valans, avec
le genêt des fiançailles ?

HENRI, riant.

Ah ! ah ! ah ! Je te reconnais bien là ! Le genêt porte
bonheur, n'est-ce pas ?

YVONNE, vexée.

Dame..., tout le monde le sait! Vous n'avez besoin
de rire.

HENRI.

Eh bien, soit ! J'adopte ton idée.

YVONNE, joyeuse.

Vrai !

HENRI.

Le genêt sera mon bouquet de fête. Voyons, quels
sont les baz-valans dans le pays ?

YVONNE.

Il y a d'abord Jollivard, le tailleur.

HENRI.

Naturellement.

YVONNE.

Et puis Gildas, le vieux mendiant. Mais un mendiant, ça manque de considération.

HENRI, riant.

Oh ! je crois bien. Va pour Jollivard, alors, je vais
aller lui donner mes instructions. Pendant ce temps-

là, et pour éviter toute émotion, tu prépareras ma tante et ma cousine à mon arrivée.

YVONNE.

Je veux bien, mais ce n'est pas facile. Qu'est-ce qu'il faut leur dire ?

HENRI.

Tu leur diras... (Cherchant.) Oui... au fait... qu'est-ce que tu leur diras ? Ah ! j'y suis : Jeannie, un matelot de mon équipage, est justement de Quimperlé. Eh bien, tu leur diras que la mère de Jeannie a reçu des nouvelles de son fils ; que notre frégate est entrée à Cherbourg, et qu'elles peuvent s'attendre à me voir paraître d'un moment à l'autre.

YVONNE.

Ah ! ça, c'est bien imaginé, et je veux bien leur dire ça.

HENRI, riant.

Merci ! Moi, je cours chez Jollivard. A bientôt. (Il sort par le fond.)

SCÈNE III.

YVONNE, puis MARGUERITE.

YVONNE, qui a remonté.

Comme il court ! Mais il était temps, car j'entends mademoiselle.

MARGUERITE, entrant par la gauche,

Comment ? Tu es encore là, Yvonne ?

YVONNE.

Je vous attendais, mademoiselle. Eh bien, avez-vous
quelque nouvelle ?

MARGUERITE.

Aucune.

YVONNE.

Alors, moi qui n'ai pas bougé d'ici, je suis plus
avancée que vous.

MARGUERITE, vivement.

Que veux-tu dire ? Tu as donc vu quelqu'un en
notre absence ?

YVONNE.

J'ai vu la mère de Jeannie..., vous savez bien :
Jeannie, un enfant de Quimperlé, qui est matelot à
bord de la frégate de M. Henri.

MARGUERITE, vivement.

Oui, eh bien ?

YVONNE.

Elle vient de recevoir une lettre de son fils qui lui
annonce que *la Bellone* a jeté l'ancre en rade de Cherbourg, et qu'il espère obtenir bientôt un congé pour
venir l'embrasser.

MARGUERITE, avec joie.

Mais alors, si *la Bellone* est entrée à Cherbourg,
Henri va arriver.

YVONNE.

C'est ce que j'ai pensé aussi. Il paraît qu'ils ont été
retardés par des naufragés, recueillis en mer, et qu'ils
ont été forcés d'aller rapatrier... dans une île... dont
je ne me rappelle plus le nom.

MARGUERITE, avec joie.

Tout s'explique alors, et voilà une excellente nouvelle ! (Appelant:) Maman, maman ! Venez, venez vite !

SCÈNE IV.

MARGUERITE, LA COMTESSE, YVONNE.

LA COMTESSE, entrant de gauche.

Eh, mon Dieu, qu'y a-t-il ? Que se passe-t-il ? Tu as donc appris quelque chose ?

MARGUERITE.

La Bellone est arrivée à Cherbourg.

LA COMTESSE.

Comment sais-tu cela ?

MARGUERITE, vivement.

Par la mère d'un matelot qui fait partie de l'équipage de Henri. Elle vient de recevoir des nouvelles de son fils. *La Bellone* a été forcée d'aller rapatrier des naufragés qu'elle avait recueillis en pleine mer.

LA COMTESSE, souriant.

Oui, tout cela doit être vrai, car te voilà rayonnante ! Et tu es rassurée, je pense, car Henri peut arriver d'un moment à l'autre.

MARGUERITE.

Je l'espère bien.

LA COMTESSE, riant.

A moins qu'il ne soit encore retenu par quelque nouvel incident ; qu'il n'ait été pris, en route, par la ronde des courriquets ? N'est-ce pas, Yvonne ?

YVONNE, qui regarde au fond.

Ah ! Seigneur Dieu ! Qu'est-ce que je vois ? Est-ce
que j'aurais deviné juste, par hasard !

LA COMTESSE.

Qu'est-ce donc ?

YVONNE.

Regardez ! V'là Jollivard, le tailleur, qui vient ici
avec le genêt, en mission de baz-valans.

LA COMTESSE.

Est-il possible ! Ce que tu disais tantôt...

YVONNE, à Marguerite.

Regardez, mademoiselle, et voyez comme Jollivard
connaît bien son affaire : rasé de frais, endimanché,
et point oublieux des vieilles coutumes : un bas rouge
et un bas bleu ; un sabot et un soulier... Oh ! c'est un
vrai baz-valans !

SCÈNE V.

LES MÊMES, JOLLIVARD entrant par le fond,
une branche de genêt à la main.

JOLLIVARD, avec une solennité comique.

Salut à tous, et à chacun autre ! c'est moi, m'ame
la comtesse, moi, Jean, Hugues, parfait Jollivard, de
Quimperlé, bon Breton et tailleur — sauf votre res-
pect — le serviteur bien humble de votre société.
Donc, après avoir salué avec considération, je porte
à votre connaissance que je me présente, ici, comme
le messager de M. Henri de Maufrigneuse, qui m'a

dit : « Monte sur la colline, cueille une branche de
genêt sur laquelle tu verras un oiseau chantant, et,
portant cette branche, va trouver m'ame la comtesse,
et dis-lui que je demande Mlle Marguerite pour femme. »
(Il salue profondément et remet le genêt à la comtesse qui le prend ma-
chinalement.)

LA COMTESSE.

C'est Henri, mon neveu, qui vous envoie... avec ce
genêt?

JOLLIVARD.

Oui, m'ame la comtesse.

LA COMTESSE.

Et lui, quand viendra-t-il?

JOLLIVARD.

Quand son genêt aura été accepté.

MARGUERITE, gaiement.

Mais tout de suite, alors?

YVONNE, qui est sortie, rentrant avec un pichet de cidre et trois
verres qu'elle place sur le guéridon et qu'elle remplit.

Voilà! Il ne reste plus qu'à trinquer pour chasser
les mauvais esprits!

LA COMTESSE, qui a pris un verre, bas à Yvonne et avec une
répugnance comique.

Est-ce qu'on est forcée de boire?

YVONNE, bas.

Non, madame, mais il faut trinquer. (Elle remet un verre
à Marguerite et un autre à Jollivard.)

LA COMTESSE, élevant son verre.

J'accepte M. Henri de Maufrigneuse pour époux de
ma fille, et je bois à leurs heureuses fiançailles!

(Ils trinquent.)

SCÈNE VI.

LES MÊMES, HENRI qui vient d'arriver et s'est arrêté au fond.

HENRI.

Mon genêt est accepté, vivat !

LA COMTESSE ET MARGUERITE, ensemble.

Ah ! Henri ! c'est lui !

HENRI, les embrassant.

Ma bonne tante ! ma chère cousine ! Enfin, me voilà auprès de tous ceux que j'aime ! Ce n'est pas sans peine ! Aujourd'hui les fiançailles, ma chère tante, et dans un mois...

LA COMTESSE, lui tendant la main.

Le mariage.

(Musique. — Rideau.)

TROISIÈME PARTIE

L'HÉRITAGE DE JOCRISSE

PERSONNAGES

Mme LEDENTU.
EULALIE, sa fille.
ANNA, sa nièce.
ALICE, jeune orpheline.
JOCRISSE, jeune domestique [1].
UN NOTAIRE.

Aux environs de Versailles, vers 1840.

Un salon de maison de campagne ; porte au fond, et portes latérales ; à droite, et au fond, un bahut ; à gauche, une grande armoire ; au deuxième plan, à droite, une cheminée avec candélabres et flambeaux, mais la place de la pendule, au milieu, est vide ; guéridon, fauteuils, chaises,

SCÈNE PREMIÈRE.

JOCRISSE, ALICE.

Au lever du rideau, Jocrisse, un plumeau sous le bras, est assis près du guéridon, à gauche, et regarde des gravures.

ALICE, assise, à droite, dans un fauteuil, et travaillant à un ouvrage de femme.

Jocrisse, on a sonné.

[1] Si la personne qui jouera le rôle de Jocrisse, veut prendre le costume traditionnel, voici quel est ce costume : Une perruque rousse avec une grande queue relevée par derrière et se terminant par une petite bouffette rouge ; veste et gilet jannes, culotte rouge, bas blancs et souliers à boucles.

JOCRISSE.

J'entends bien, mam'zelle, mais je ne peux pas
ouvrir... je regarde des images.

ALICE.

Tu veux donc que j'aille ouvrir moi-même?

JOCRISSE.

Non, mais on peut bien attendre un peu; je suis
dans le palais de la *Belle au bois dormant;* je vais en
sortir, dans un instant.

ALICE.

Tiens, on sonne encore.

JOCRISSE, se levant.

Quelle bête d'invention que les sonnettes ! (Il sort par
le fond et revient un instant après.)

ALICE, seule.

C'est un brave garçon : bien fidèle, bien dévoué, et
doué d'un excellent cœur, mais il fallait la patience et
l'indulgence de ce pauvre M. Duval pour garder un
serviteur aussi... naïf et — disons-le — aussi bête
que celui-là !

JOCRISSE, rentrant, un papier à la main.

C'était le petit clerc du notaire.

ALICE.

Pourquoi ne l'as-tu pas fait entrer?

JOCRISSE.

Oh ! pas de danger, mam'zelle ; si vous l'aviez vu...
il est maigre, maigre, et pâle, pâle...

ALICE.

Eh bien ?

JOCRISSE.

Mais vous ne savez donc pas la recommandation que défunt mon maître, ce bon M. Duval, m'avait faite de son vivant? « Jocrisse, qu'il m'avait dit, tu ne laisseras pas entrer chez moi des gens de mauvaise mine ».

ALICE, riant, et se levant.

Oh! c'est trop fort!

JOCRISSE.

Je lui ai dit de se soigner, et j'ai pris le papier qu'il apportait.

ALICE, le prenant.

Voyons? (Après avoir lu bas.) Ah! le notaire viendra, aujourd'hui, pour lever les scellés qui ont été apposés au premier étage.

JOCRISSE.

C'est vrai, on en a mis là-haut, et pas ici.

ALICE.

C'est qu'ici il n'y avait aucune valeur. Il sera facile de voir que nous n'avons rien détourné. (Regardant.) Mais à propos, je ne vois pas la pendule! Où est donc la pendule?

JOCRISSE, avec commisération.

Est-il possible d'avoir aussi peu de tête! Voyons, mam'zelle Alice, qu'est-ce que vous m'avez dit hier?

ALICE, cherchant.

Hier?

JOCRISSE.

Vous m'avez dit : Jocrisse, il faudra remonter la pendule.

ALICE.

Oui, je me souviens.

JOCRISSE.

Eh bien, je l'ai remontée au grenier. Elle y est encore.

ALICE.

Oh!... mon pauvre Jocrisse, si tu n'avais pas un si bon caractère...

JOCRISSE, avec complaisance.

Le fait est que j'ai un bon caractère. Pour un homme, s'entend, car il y a des animaux qui ont un bien meilleur caractère encore. Les chiens, par exemple, ils sont toujours contents quand on leur fait des *niches.*

ALICE.

En attendant, tu me feras le plaisir d'aller chercher la pendule au grenier, et de la descendre doucement, bien doucement, pour la remettre à la place qu'elle occupait.

JOCRISSE.

Bien, mam'zelle, j'y vais à l'instant.

ALICE.

Moi, je me rends au jardin. Tu me préviendras dès que le notaire arrivera.

JOCRISSE.

Oui, mam'zelle, soyez tranquille.

(Alice sort par la droite.)

SCÈNE II.

JOCRISSE seul, puis Mme LEDENTU, EULALIE et ANNA.

JOCRISSE, seul.

Eh bien, là, franchement, ce n'était pas la peine de me dire, hier, de la remonter, pour me dire, aujourd'hui, de la redescendre. Oh ! les femmes ! les femmes ! Tiens, on sonne encore. (Il va au fond, disparaît un moment, et on l'entend dire à la cantonade :) Oui, mesdames, c'est ici. Donnez-vous la peine d'entrer. (Entrent Mme Ledentu, Eulalie et Anna.)

MADAME LEDENTU, regardant autour d'elle.

Voici le salon du rez-de-chaussée ?

JOCRISSE.

Oui, madame, le salon du rez-de-chaussée et du premier, attendu qu'il n'y en a pas d'autre.

MADAME LEDENTU.

C'est vous, mon ami, qui étiez au service de M. Duval pendant sa dernière maladie.

JOCRISSE.

Oui, madame.

MADAME LEDENTU.

C'était mon cousin, issu de germain. Eulalie, ma fille, était sa petite cousine.

EULALIE.

Sa nièce à la mode de Bretagne.

MADAME LEDENTU, montrant Anna.

Oui, et Anna, ma nièce, que voici, est parente au même degré, par sa mère.

JOCRISSE.

Vous êtes des collatérales, quoi !

MADAME LEDENTU.

Précisément. Nous avons appris avec plaisir que vous aviez bien soigné votre maître.

JOCRISSE.

Oh! je vous en réponds ! seulement ça ne réussissait pas toujours. Ainsi, comme notre maison est voisine de l'église, le bruit des cloches incommodait beaucoup M. Duval. Qu'est-ce que j'ai fait alors? J'ai fait mettre de la paille dans la rue. Eh bien, ça n'a pas réussi.

EULALIE, riant.

Ah ! ah ! ah ! de la paille dans la rue...

ANNA, riant.

Pour amortir le bruit des cloches !...

JOCRISSE, protestant.

Dame, ça se fait habituellement.

MADAME LEDENTU.

Quoi qu'il en soit, il paraît que c'est nous qui héritons, puisqu'on n'a pas trouvé de testament.

JOCRISSE.

Hélas, non !

MADAME LEDENTU, riant.

Hélas, non? Vous espériez donc que votre maître vous laisserait quelque chose ?

JOCRISSE.

Oh! pas à moi, pas à moi. Mon Dieu! je ne le méritais guère! Mais à mam'zelle Alice... en voilà une aussi qui l'a soigné!

MADAME LEDENTU.

Vous voulez parler de cette jeune orpheline, qu'il avait recueillie? Il est étonnant, en effet, qu'il n'ait pas laissé un testament en sa faveur, car il paraissait l'aimer beaucoup.

JOCRISSE.

Oh! pour ça... oui, il l'aimait beaucoup, et elle le mérite bien.

MADAME LEDENTU.

Je n'en doute pas.

EULALIE.

Est-ce que Mlle Alice est encore ici?

JOCRISSE.

Certainement. Elle et moi, nous ne devons partir qu'après la levée des scellés.

ANNA.

Je ne la connais pas...

EULALIE.

Ni moi.

ANNA.

Et je voudrais bien la voir. Est-ce possible, ma tante?

MADAME LEDENTU.

Oui, ma nièce, nous devons la voir et même la remercier. Elle mérite toutes nos sympathies. (A Jocrisse.) Mon ami, voulez-vous demander à Mlle Alice si elle peut nous recevoir?

JOCRISSE.

Elle est, en ce moment, dans le jardin. Je vais aller la prévenir.

MADAME LEDENTU.

C'est cela. Allez !

(Jocrisse sort par le fond.)

SCÈNE III.

Mme LEDENTU, EULALIE, ANNA.

EULALIE, qui s'est assise dans un fauteuil.

On est très bien dans ce fauteuil-là.

ANNA.

Oh ! le mobilier est un peu vieux, et bien passé de mode.

MADAME LEDENTU, regardant.

Il est encore excellent. Le bois n'est pas piqué par les vers, et l'étoffe n'est pas usée du tout. Je suis sûre que ça se vendra très bien à l'Hôtel des ventes.

ANNA.

On vendra donc la maison et le mobilier ?

MADAME LEDENTU.

Dame..., à moins que ton père et ta mère ne veuillent les reprendre pour eux.

EULALIE.

Qu'est-ce qu'il y a dans cette grande armoire ? (Elle l'ouvre.) Ah ! des vêtements et du linge. (Elle la referme.)

ANNA, ouvrant le bahut.

Et dans ce bahut ? Des cristaux, des porcelaines, des livres.

MADAME LEDENTU.

Êtes-vous assez curieuses! Ce que vous faites là n'est pas convenable, et si l'on vous voyait...

EULALIE.

Est-ce que ces meubles ne doivent pas nous appartenir ?

MADAME LEDENTU.

C'est probable. Mais ils ne nous appartiennent pas encore.

SCÈNE IV.

LES MÊMES, ALICE, entrant par la droite.

ALICE.

Vous m'avez fait demander, madame? (Saluant.) Mesdemoiselles...

(Saluts réciproques.)

MADAME LEDENTU.

Nous avons été prévenues, ce matin, que la levée des scellés devait avoir lieu, aujourd'hui, à deux heures, en présence de la famille, et nous avons cru que nous ne pouvions nous dispenser de nous rendre à cette invitation.

ALICE.

Vous avez bien fait, madame.

MADAME LEDENTU.

Et comme nous venons d'apprendre que vous n'aviez pas quitté cette maison, nous avons voulu vous dire toute la part que nous prenions au chagrin que vous avez dû éprouver en perdant votre vieil ami, votre bienfaiteur.

ALICE.

C'est une séparation cruelle, en effet, et je vous remercie de l'intérêt que vous voulez bien me témoigner.

MADAME LEDENTU.

Ce que nous ne pouvons comprendre, c'est que, en raison de l'affection qu'il avait pour vous, notre cousin n'ait pas fait, au moins, un legs en votre faveur! On n'a toujours pas trouvé de testament?

ALICE.

Aucun, madame.

MADAME LEDENTU.

C'est bien étrange. Je sais que ce pauvre M. Duval passait pour un original, qu'il ne faisait rien comme tout le monde, mais cette négligence est inexplicable! Depuis combien de temps étiez-vous auprès de lui?

ALICE.

Depuis douze ans.

MADAME LEDENTU.

C'est cela. La loi exige quinze ans pour justifier une adoption, et le pauvre cher homme pensait vivre encore assez longtemps pour vous adopter. Il est mort trois ans trop tôt! En tout cas, ma chère demoiselle, vous pouvez compter sur nous, et si nous pouvons, ma sœur et moi, vous être utiles...

ALICE.

Je vous remercie beaucoup, madame, mais une digne amie de M. Duval — notre voisine — a bien voulu déjà s'employer pour moi, et elle m'a fait agréer

comme demoiselle de compagnie dans une honorable
famille où je dois entrer quand je quitterai cette maison.

MADAME LEDENTU.

A la bonne heure. Maintenant, je n'ai pas besoin
d'ajouter que vous pouvez emporter d'ici tel souvenir
qui vous sera agréable. Nous approuvons d'avance
tout ce que vous ferez.

ALICE.

Vous êtes mille fois bonne, madame, et vous allez
au-devant de mes désirs.

JOCRISSE, venant du fond.

Le notaire vient d'arriver — avec le petit maigre et
pâle de ce matin, qui portait son portefeuille. — Il est
monté au premier par la terrasse.

MADAME LEDENTU.

Nous allons le rejoindre. Venez-vous, mademoiselle ?

ALICE.

Je ne fais pas partie de la famille, madame, et je
ne crois pas que ma présence soit utile.

MADAME LEDENTU.

Oh ! quelle idée !

ALICE.

J'irai vous retrouver dans un instant, mais, en tout
cas, je ne vous laisserai pas partir sans vous faire
mes adieux.

MADAME LEDENTU.

C'est cela. Venez, mesdemoiselles. (A Eulalie et à Anna,
en sortant.) Elle est vraiment fort bien, cette jeune fille.

4

EULALIE.

Fort bien !

ANNA.

Fort bien !

(Elles sortent par la gauche.)

SCÈNE V.

ALICE, JOCRISSE.

ALICE.

Mon pauvre Jocrisse, le moment approche où il va falloir nous séparer. Il faut aller préparer tes effets.

JOCRISSE.

Oh! mon paquet ne sera pas long à faire, car je n'emporte pas grand'chose. Mes vêtements et le cadeau de mon maître, voilà tout.

ALICE.

Un cadeau? M. Duval t'a fait un cadeau?

JOCRISSE, avec ironie.

Et un joli encore! Sa vieille robe de chambre, vous savez, qu'il mettait pour se lever, quand il restait, une heure ou deux, assis dans son fauteuil.

ALICE.

C'est cela qu'il t'a donné?

JOCRISSE.

Oui. « Mon bon Jocrisse, qu'il m'a dit, tu auras soin que personne ne touche à ma houppelande, c'est à toi que je la donne, à toi seul, et tu t'empresseras de la lacérer dès que je ne serai plus. »

ALICE.

La lacérer? Je ne comprends pas.

JOCRISSE.

Je ne comprenais pas non plus, mais comme le pauvre cher homme était déjà bien malade, je me suis dit : Il bégaye... c'est la maladie... il veut dire : Tu t'empresseras de la serrer.

ALICE.

Qu'en as-tu fait alors?

JOCRISSE.

Je l'ai pliée avec soin et je l'ai serrée là, dans la grande armoire. La lacérer, qu'est-ce que cela voudrait dire?

ALICE.

Lacérer veut dire : déchirer, déchiqueter en petits morceaux.

JOCRISSE.

Ah! ça veut dire ça? Mais alors, si c'était pour la déchirer qu'il me la donnait, ce n'était pas la peine de me la donner?

ALICE.

C'est ce qu'il me semble aussi. Et puis, tu as peut-être mal entendu ou mal compris... ce qui t'arrive assez souvent.

JOCRISSE.

On ne fait pas un cadeau à quelqu'un pour qu'il le détruise? Ça ne s'est jamais vu.

ALICE.

En effet.

JOCRISSE.

S'il avait voulu la déchirer, il l'aurait déchirée lui-même ; tandis qu'il y tenait beaucoup, au contraire, et qu'il faisait réparer le moindre accroc, vous le savez bien ?

ALICE.

Oui, sans doute. Enfin, prépare tes effets, et tiens-toi prêt à partir. Moi, je vais rejoindre cette dame, comme je le lui ai promis. A tout à l'heure. (Elle sort par la gauche.)

SCÈNE VI.

JOCRISSE, seul.

A tout à l'heure, mam'zelle. Oh! non, il ne sera pas long à faire mon paquet. Mais n'oublions pas mon héritage. (Il va à l'armoire, qu'il ouvre, et en tire une vieille robe de chambre.) C'est ça qui ne va pas être commode à emporter. Et pour ce que ça vaut... Si je la mettais sur moi? C'est une idée. (Il l'endosse.) Tiens, je me fais l'effet de mon maître! (Il se promène en se regardant). Mais je ne peux pas me montrer dehors comme ça... tous les gamins vont me courir après. Satané cadeau! va! Et quand je pense que cette pauvre mam'zelle Alice n'a rien du tout, elle! Et qu'elle va être obligée de quitter cette maison où depuis douze ans... j'enrage! Oh! oui j'enrage! Eh bien, je n'en veux pas de son cadeau! Et puisque lacérer veut dire déchirer, je remplirai ses intentions, et plutôt que de l'emporter je la mettrai en pièces, sa vieille nippe, en mille pièces! (Avec colère. et déchirant la houppelande du haut en bas, en mettant la main dans la poche intérieure, du côté gauche :) Tiens ! tiens ! voilà le cas que j'en fais de ton cadeau ! (Une grande lettre cachetée de noir tombe de la doublure, s'arrêtant étonné.) Hein ? qu'est-ce que c'est que ça ? L'écriture de M. Duval. (Il lit.) « Ceci est mon testament ». Un testament ! son écriture ! Mais alors... je comprends. Et ce testament que nous avons cherché partout... le voici ! Il ne bégayait pas... il ne bégayait pas du tout ! Quelle chance ! quel bonheur ! quelle joie ! (Courant à la porte de gauche et appelant.) Mam'zelle Alice ? mam'zelle Alice ? madame le notaire ? monsieur le collatéral ? Venez vite ? Descendez vite ? Venez tous !

SCÈNE VII.

JOCRISSE, ALICE, MADAME LE DENTU, LE NOTAIRE, EULALIE et ANNA.

ALICE, entrant vivement.

Eh ! mon Dieu ! qu'y a-t-il donc ?

MADAME LEDENTU.

Que se passe-t-il ? Est-ce que le feu est à la maison ?

JOCRISSE, dansant et agitant le testament au-dessus de sa tête.

Le voilà ! le voilà ! Je l'ai trouvé !

ALICE.

Qu'as-tu trouvé ?

JOCRISSE.

Le testament.

TOUS.

Un testament !

JOCRISSE.

Il était dans la doublure de sa robe de chambre !
C'est bien son écriture. Tenez, m'sieu le notaire. (Il le
remet au notaire.)

LE NOTAIRE.

C'est l'écriture de M. Duval, en effet.

TOUS.

Lisez? lisez?

LE NOTAIRE, lisant.

« Sain d'esprit si non de corps, et au moment de
« paraître devant Dieu, j'institue, pour ma légataire
« universelle, Mlle Alice Caroline Durand, à la seule
« condition de servir une pension viagère de 600 francs
« à mon bon Jocrisse qui m'a toujours fidèlement
« servi. »

« *Signé :* Jean-Pierre DUVAL. »

JOCRISSE, avec joie.

Oh ! le bon maître, l'excellent maître ! Je vais donc
pouvoir travailler sans rien faire !

LE NOTAIRE.

C'est un testament olographe. Il est très en règle.

ALICE, à Madame Ledentu.

Je suis confuse, en vérité, madame, de ce bonheur
qui m'arrive, et...

MADAME LEDENTU, l'interrompant.

Ne vous excusez pas, ma chère enfant. Cette petite
fortune vous revenait de droit et notre cousin a fait ce
qu'il devait faire. Tout est bien qui finit bien.

(Musique. — Rideau.)

MOTS DE LA CHARADE

Première partie : HOUPPE

Deuxième partie : LANDE

Troisième partie, le tout : HOUPPELANDE